TWINKLE
トゥインクル
〜耳を澄ます　身体をゆるめる〜

はじめに

音って本当に不思議です。耳を澄まして聴いてみてると、音はその中心に大切なものをそっと包み込みながら、きらきらと光るようにゆっくり広がっていき、そして少しずつ小さくなって、やがて消えてなくなってしまいます。この時、音のまわりの空気が揺れ動き、だんだんと変化していきます。この「響きの揺らぎ」を聴くことが、自然と美しい音へとつながるのです。

私はアメリカ留学中に出会ったあるピアノ教本を通し、耳から学び耳を育てることの大切さを知り、以来30年にわたり音色の美しさにこだわり、追求してきました。その中で大切にしてきたコンセプトや、試行錯誤から得たアプローチを皆さんにお伝えしたいと思い、具体的な実践方法として1冊にまとめました。

前半は、耳を澄まして音のゆらぎを聴く『TWINKLE』、後半は、身体の脱力に意識を向ける『ゆるめる』。

この2つの大切なポイントを身につければ、豊かで美しく、響きのある音を奏でることができるでしょう。順序にとらわれることなく、必要なときに必要なページを開いて取り組んでみてください。レッスン時に先生と生徒さんで、自宅での練習に親子やごきょうだいで…さまざまなシーンでご活用ください。
本書を通じて音色の美しさを追求し、よりきらめく音楽の世界を楽しんでいただければ幸いです。

角野美智子

TWINKLE

耳を澄まして音のゆらぎを聴く

「TWINKLE」について ——— 5

3で支えを作る ——— 6

長い音に耳を澄ます ——— 7

消えゆく音の最後まで 耳をよーく傾けて ——— 8

スタッカートで弾いてみよう ——— 12

手首の回転を利用して ——— 14

重なる音の美しさ ——— 16

左右で1つのメロディ ——— 17

分散和音を弾こう❶ ——— 18

3音のスラーの練習 ——— 19

分散和音を弾こう❷ ——— 20

2音のスラーの練習 ——— 21

付録 オリジナルアレンジ楽譜 「きらきら星」

❶ 右手バージョン／左手バージョン ——— 11

❷ スタッカートで／音を楽しんで ——— 22

❸ 演奏会バージョン ——— 39

ゆるめる　身体の脱力に意識を向ける

「ゆるめる」について ———— 23

- シェイカーリボンを使って
手首をゆるめる ———— 24

- カエルがジャンプ！
すばやく移動 ———— 26

- シロクマの手で
腕をゆるめる ———— 27

- パンダのようにゆるっと
腕全体をゆるめる ———— 28

- しなやかなネコのしっぽのように
手首の旋回運動 ———— 29

- 小鳥がついばむように
指先でシュッ！ ———— 30

- たまごがゴロゴロ
手首をやわらかく ———— 31

- チョキチョキ カニの横歩き
指の並行移動 ———— 32

- ぎったんばっこん シーソー遊び
重心の移動 ———— 33

- カンガルーがジャンプ！
倍音の中で 大きく跳躍 ———— 34

- ネコをおこさないでね
慎重に準備 ———— 35

- くるくる糸巻き
脱力ゲーム ———— 36

- 小瓶のふたを持って
良い手のかたち ———— 37

- おはじきをはじいて
指先の意識アップ ———— 38

TWINKLE

～耳を澄まして音のゆらぎを聴く～

「TWINKLE」について

「TWINKLE」では、美しい音をイメージして、「聴く」力を伸ばす練習法を紹介します。

「聴く」ことに集中するために、だれでもよく知っている「きらきら星」の旋律を取り上げました。音が少ない分、しっかりと音を聴いて（傾聴）美しい音を出すことの価値が実感しやすいからです。普段の練習では、好きな曲に音を置き換えてお使いください。どんな曲でもかまいません。

本書の内容は、掲載順に練習する必要はありません。個性や進度に合わせて適宜テーマを選び、じっくり取り組んでください。先生がお手本を見せる際には、澄んだ、深くやわらかい響きを鍵盤から引き出すよう心がけてください。美しい音を聴かせることが上達の出発点です。また、本書後半の『ゆるめる』を併用していただくと、より理解が深まり、効果を実感できると思います。

夜空に輝く星のように、きらきら光る素敵な音を探しにいきましょう！

★この本の使い方★

各ページに掲載の譜例にはテンポや強弱の指示はありませんが、下記を参考として弾く人や楽器、部屋によって対応してください。指番号は参考です。

テンポ

耳をコントロールできる範囲のテンポで弾くのが望ましいでしょう。
♩＝60〜80程度が目安です。

強弱

特に指定はありません。音の響きに耳を傾けて弾くことを第一の目的としています。応用として、学習者自らが強弱を書き入れ、表現を自由に楽しむのも良いでしょう。

3で支えを作る

3の指に腕全体の重さを乗せて

手の中心にあって最もバランスが取りやすいのが3の指。しっかり支えて、バネのように戻る感覚をつかむことで、弾力のある動きが生まれます。手首の力を抜き、硬くならずに伸びのある音を出しましょう。

★ベッドやソファーのバネのように、「戻り」があることを意識しましょう。

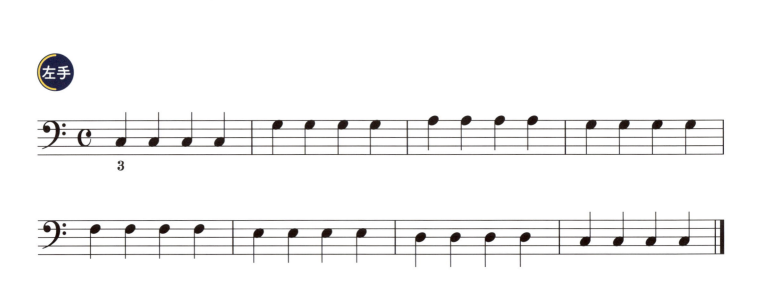

★手首の力が抜けると、腕も軽く、しなやかに感じられます。

長い音に耳を澄ます

耳を傾け、響きの特徴や変化をとらえて

耳を澄ますとは、傾聴すること。1つの音でも、のばしている間に微妙に質感が変化していくことがわかります。音が揺れ動いたり消えていく様子を、耳を澄まして聴き取りましょう。

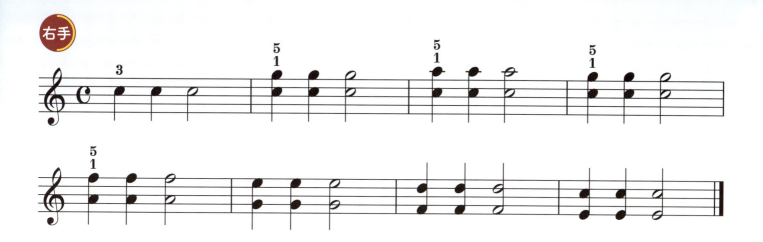

★あやとりをする時の手の形を意識してみましょう。

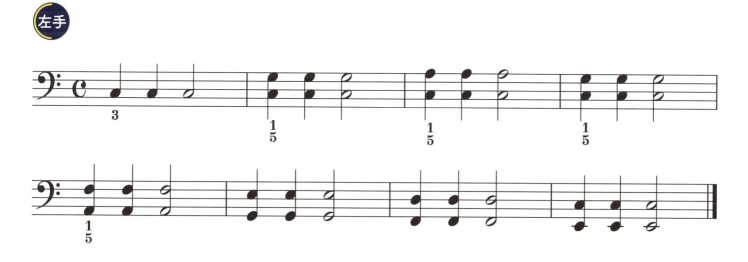

★音を出したあとは、腕や手指が鍵盤の上で休んでいるように。

消えゆく音の最後まで耳をよーく傾けて

耳を研ぎ澄まし、余韻を感じて

音の減衰を聴く体験です。余韻は思った以上に長く鳴り続けていることに気づくでしょう。消えゆく音の最後まで集中して聴くことによって、次の音へのレガートができるようになります。

アレンジ 1 単音で1つ1つの響きを聴きましょう。

Point!
2分音符1つ1つを①〜③の流れでゆっくりとていねいに鳴らし、3の指で"重み"の移動の感覚をつかみましょう。
　①第一関節で支えながら下方向へ重みをかける。
　②力を上方向に逃しながらゆっくり抜く。
　③次の音へ移る→①へ
★ 次の音が鳴る瞬間まで、前の音の響きを意識して聴き届けます。
★ 3の指でしっかり音が出せるようになったら、2の指、4の指と移行し、5本の指が均等に使えるようにしましょう。

アレンジ 4 響きが厚く豊かになります。

伸びている音のしっぽを
つかまえるゲーム をしてみましょう！ 2人で！

【遊び方】
Aさん「今からピアノの音を鳴らすから、音が消えてなくなった瞬間に手を上げてね。」
★Aさんがピアノで好きな音を鳴らします。
★Bさんは耳を澄まして音を聴き、余韻が消えた瞬間に手を上げます。

消える瞬間を聴き逃さないようスリル感を出すことで、より集中して音を聴く力につながります。
トライアングルやグロッケンなど、余韻の長い楽器でやってみるのも良いでしょう。
AさんとBさんの役割をチェンジするのも、音を聴くという体験を共有できて楽しいですよ！

伴奏に合わせて弾いてみよう

2人で！

きれいな音で「きらきら星」の旋律を弾けるようになったら、伴奏に合わせてみましょう。
素朴なメロディにハーモニーが付くことで音の表情が豊かになります。
メロディはまずすべて3の指で。できるようになったら、他の指でも弾いてみましょう。
楽譜の　　　　のメロディ部分は、重音にしたり高さを変えたり、アレンジしてみてください。

★音の行方を最後まで聴けるかな？

きらきら星
★★★ 右手バージョン ★★★

編曲：角野美智子

★ピアノの音を遠くまで届けてみましょう。

きらきら星
★★★ 左手バージョン ★★★

編曲：角野美智子

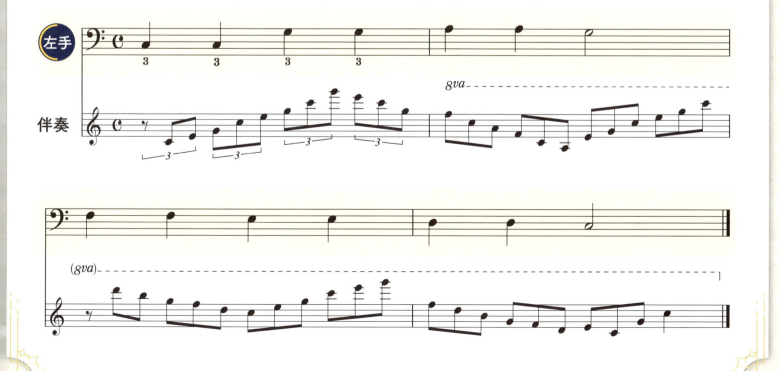

スタッカートで弾いてみよう

切った後の響きの質感をよく感じて

スタッカートにも余韻や長さの違いがあります。「スタッカートは音を短く切る」と考えるのではなく、切った後の響きに意識を向け、その響きを想定して発音しましょう。

アレンジ 1 単音で1つ1つの響きを聴きましょう。

アレンジ 2 3度が出てきます。美しく響かせましょう。

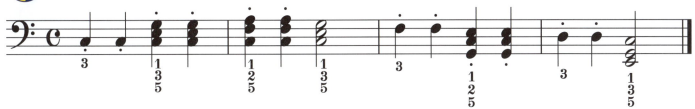

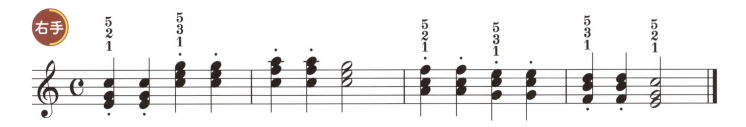

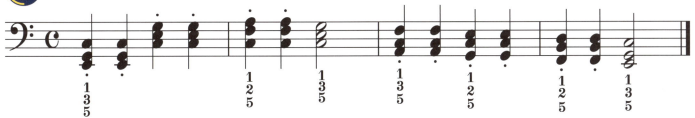

> **Point!**
> ★ スタッカートは「切る」という感覚より、響きを内面的にやわらかく聴くようにしてみましょう。
> ★ 音の質や響きがそろうように心がけてください。
> ★ キリッとしたするどいタッチ、温かみのある響きなど、色々な性格に合わせたタッチの違い、響きを試してみましょう。
> ★ トライアングル、シンバル、鐘の音など、響きが持続する楽器やものの余韻を参考にすると良いでしょう。

手首の回転を利用して

手首はやわらかく、指先はキュッとひきしめて

手首の柔軟性を養います。スラーのついた4音、5音のグループが最小単位です。まとまりを感じて弾きましょう。1つ1つの音は意識的に聴いて、なめらかにつながるようにしましょう。

予備練習 1　はじめにゆっくり練習しましょう。

予備練習 2　はじめにゆっくり練習しましょう。

アレンジ 1 1小節で1つのフレーズです。

★フレーズの終わりは大切に心を寄せて、余韻を聴きましょう。

★1つ1つの音は真珠の粒のように。でも、バラバラにならず、真珠のネックレスのようにつないでみましょう。

アレンジ 2 フレーズを切れ目なくつなげましょう。

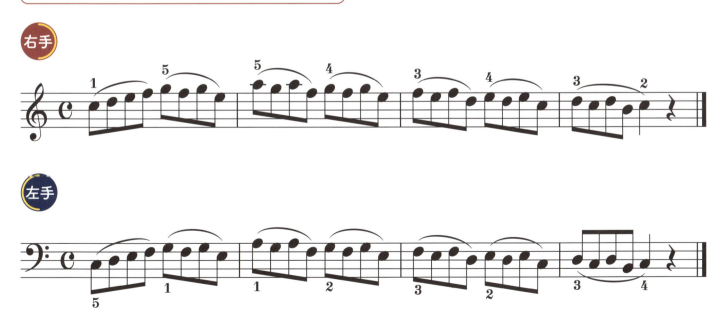

重なる音の美しさ

響きの広がりを感じて

音が重なり合うことによって生まれる響きの美しさを感じ取ります。重音も単音と同じく、1つ1つの音に核を持たせると良い響きになります。「きれい」、「心地よい」響きを感じましょう。

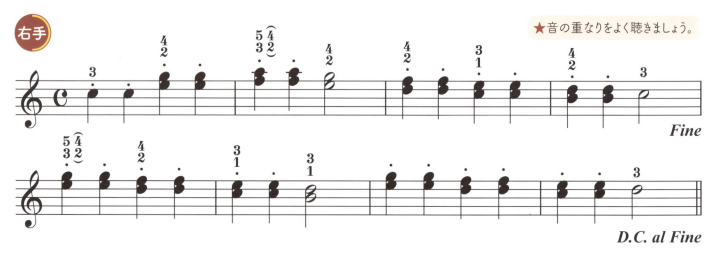

★音の重なりをよく聴きましょう。

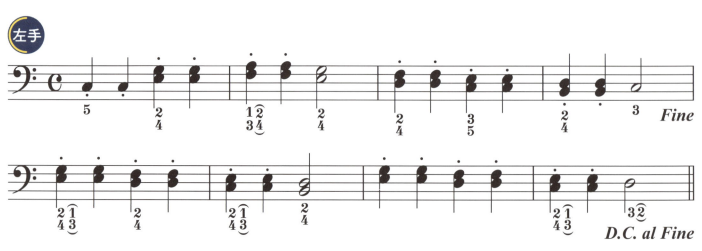

左右で1つのメロディ

1つの手で弾いているように、なめらかにつなげて

左手から右手に移る前の最後の音は、タッチや聴き方がおろそかになりがちなので、特にていねいに聴きましょう。波を感じて腕はしなやかに、曲線を描くように弾きましょう。

★1オクターブ上でもきれい！

> **Point!**
> 旋律を入れて、先生や保護者、ごきょうだいと連弾をしても良いでしょう。

分散和音を弾こう ①
ハーモニーを意識して

1つの和音をバラしていることを意識して。分散和音で弾く前に重音にしてハーモニーを感じてみると良いでしょう。保続音がある場合は、次の2分音符に受け渡すまで、意識的に聴き続けることがポイントです。

アレンジ 1 伴奏によく出てくる音型です。

★ドアノブを回す時のように手首の回転を使います。

アレンジ 2 拍の頭が保続音（持続音）です。

★1（左手は5）の指の力を抜くよう気をつけましょう。

★2分音符をよく聴くことが、身体や指のリラックス（脱力）にもつながります。

> **Point!**
> アレンジ1、2が上手に弾けたら、もう片方の手で旋律を入れて両手で弾いてみましょう。難しい場合は、先生や保護者、ごきょうだいと片手ずつ合わせても良いでしょう。

3音のスラーの練習

きれいなレガートのために

3音のまとまりを感じながら、1音1音は真珠の粒ようにはっきりと。腕はしなやかに、鍵盤に滑り込ませる感覚で、スラーの終わりの音は軽くふた側へ抜くイメージです。ただし指先は抜かず、核のある音で弾きましょう。

★腕は弾力を持たせてしなやかに。

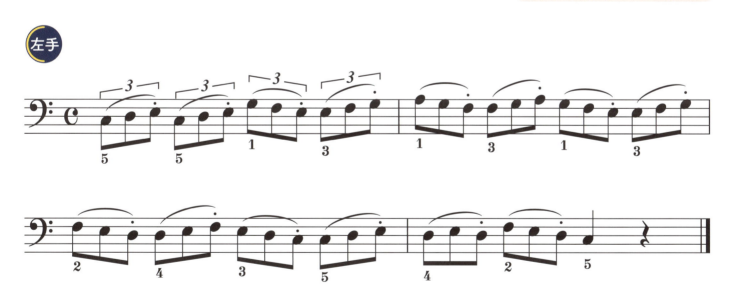

分散和音を弾こう ❷

きらきら星のメロディが聴こえてくるように

3連符の分散和音の練習です。3音で1つのかたまりとしてとらえましょう。分散和音の中に隠れたメロディを見つけ、旋律として聴こえるように鳴らしてみましょう。

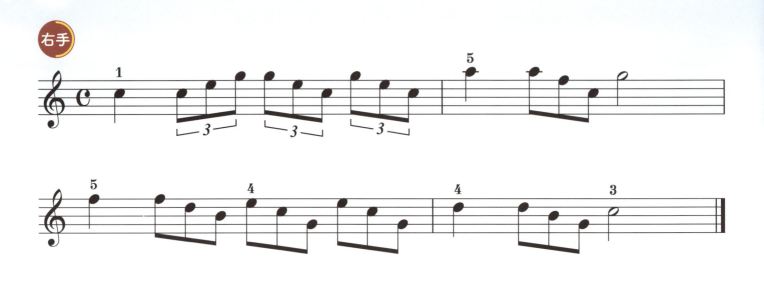

2音のスラーの練習

スラーは曲線をイメージしてレガートに

弦楽器の弓の運びのように、腕のダウンアップを意識します。腕の重さをかけ、手首から抜きましょう。この一連の動作によって音をなめらかにつなぎます。フレーズを感じて弾きましょう。

アレンジ 1 小節をまたいだフレーズの形です。

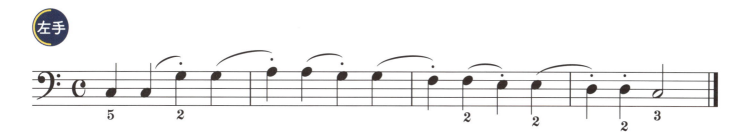

★音を抜く時に、指先の意識まで抜かないように注意！

アレンジ 2 拍の頭が保続音（持続音）です。

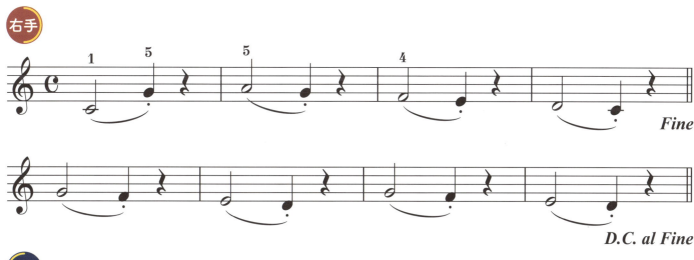

ゆるめる

〜身体の脱力に意識を向ける〜

「ゆるめる」について

「ゆるめる」では、ピアノを弾く時の楽な身体の使い方を学びます。
良く響き、美しく歌う音を得るためには、まず身体を「ゆるめる」ことがなによりも大切です。

本書は、入門者から中上級者まで、すべてのピアノ学習者が対象です。
習い始めの小さいお子さまは、弾くことと並行して、初めの段階から「ゆるめる」テクニックもぜひ身につけてください。
中上級レベルの方も、普段ピアノを弾いている時には、「ゆるめる」ことを忘れがちです。正しい奏法を実現するための身体づくりとして、本書で紹介する練習を活用し、左右で実践してみてください。

それぞれの練習は、動物や身近なものにたとえることで、奏法をイメージしやすく学習者のサポートをしてくれます。また、ページ内のQRコードを読み込むと実践動画をご覧いただけるので、よりスムーズに取り組むことができます。

本書前半の『TWINKLE』を併用していただくと、より理解が深まり、効果を実感できると思います。肩や腕の力を抜き脱力を習得することで、自然で美しい音を目指しましょう。

シェイカーリボンを使って

手首をゆるめる

手首の柔軟性を高め、脱力して弾けるようにする練習です。振り下ろし、振り上げに必要なのが瞬発力。これは打鍵のタイミングと同じです。手首の力が完全に抜けていると、リボンを落とした時の弾みが感じられるでしょう。

基本の持ち方とかまえ

▶人差し指と中指で棒をはさむように、シェイカーを軽く握ります。

真横から

真上から

▶腕はだいたい肘の高さ。ピアノの前に座って鍵盤に手を置いた角度です。

左右に　まずは横にリボンを振ってみましょう。

手首の力が抜けているとリボンがきれいにしなります。

肘から棒の先が床と並行に動くように、手首を左右に軽く振ります。

上下に　まっすぐ上下に振ってみましょう。

ヨーヨーやボールを投げるつもりで。

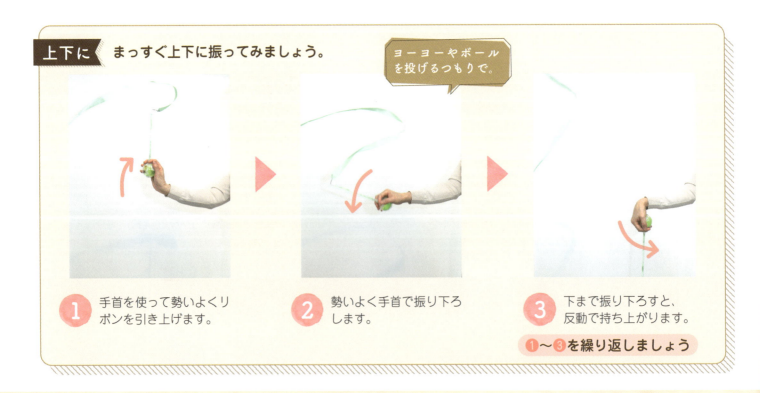

① 手首を使って勢いよくリボンを引き上げます。

② 勢いよく手首で振り下ろします。

③ 下まで振り下ろすと、反動で持ち上がります。

①〜③を繰り返しましょう

肘から
手首でリボンをしなやかに動かせるようになったら、動きを大きくしてみましょう。

① 肘から先を勢いよく真上に引き上げます。

② 肘の関節を使って勢いよく降り下ろします。

③ 肘が伸び、手首が内側に向くまで振り切ります。

④ 反動で手首から持ち上がります。

①〜④を繰り返しましょう

肩から
肩甲骨から動かします。大きな動作になります。

肩甲骨

① 腕全体を肩甲骨から動かして持ち上げます。

② 力を抜いて肘から一気に振り下ろします。

③ 下まで振り下ろすと、反動で持ち上がります。

①〜③を繰り返しましょう

利き手でない方の手でもしなやかに動かせるように練習しよう。

動画も check!

手作りの場合
シェイカーリボンが手に入らない場合は、ご自宅で代用品を作ってみましょう。

くわしくは公式ホームページへ

シェイカーリボンは、セミナー会場やオンラインショップ等で取り扱う場合がございます。最新情報は公式ホームページ等でご確認ください。

カエルがジャンプ！

すばやく移動

手をすばやく移動させることで、反射神経をきたえます。
音を鳴らす前に、鍵盤の上で手を構えて打鍵の準備をすることが大事。弾むスタッカートの練習になります。

上へ　まず、上へジャンプします。

> カエルがジャンプして着地するイメージで。

① 3の指を好きな鍵盤の上に置き、良い音を響かせてジャンプします。

② ふたのフチを目がけて跳ね上がります。

③ ふたのフチに軽く触れるように着地します。

④ ❶と同じようにジャンプして好きな鍵盤にそっと着地します。音は出しません。

鍵盤を変えて❶〜❹を繰り返しましょう

横へ　大きく横へ跳んでみましょう。

① 3の指を好きな鍵盤の上に置き、良い音を響かせて横にジャンプします。

② 大きく弧を描くように跳ね上がります。

③ 好きな鍵盤にそっと着地します。音は出しません。

鍵盤を変えて❶〜❸を繰り返しましょう

動画も check!

> だんだんとジャンプする距離を広げてみよう！

シロクマの手で

腕をゆるめる

腕の重さと、力が抜けた感覚を実感します。指先に腕の重さを乗せる時に、腕や肘、手首によけいな力が入っていないことが大切です。シロクマの手の形をイメージして、手や腕の重さを感じて音により深みを出しましょう。

1 シロクマの手をイメージして、鍵盤の奥のほうに手を置きます。

シロクマの手 ▶

2 3の指で打鍵し、手のひら全体で鍵盤の底に指がついたことを確認します。

3 力を抜いて肘から引き下げる感覚で、ゆっくり手前に引き寄せていきます。

引き出しを引くイメージで。

4 鍵盤の底を感じながら、端まで、ずるずると引っ掻いていきます。

5 膝の上に手を落とします。「ドタン！」と音がします。

腕と手の重さを感じられたかな？

動画も check！

パンダのようにゆるっと

腕全体をゆるめる

力の入りやすい肘と肩を脱力することが、腕全体の脱力につながります。しっかりと脱力できると、落下した時に、膝の上で腕の重みが感じられます。力まず演奏するためにゆるめることを身体に覚えさせましょう。

1. 鍵盤の上に肘から先の腕を乗せ、寄りかかるように力を抜きます。
2. 肘からゆっくりと手前にずらしていきます。

シロクマ（p.27）と同じイメージで。

3. 肘からゆっくりすべり落ち、最後に手が残ります。

肩からダランとした姿勢になります

落下した瞬間は、肘、上腕、肩まで完全に脱力している状態です。

4. 手全体が勢いよく膝の上に落ちます。

力を抜こう。

動画も check!

しなやかなネコのしっぽのように

手首の旋回運動

手首や腕、前腕の柔軟さ、自身の手首の可動域を理解します。グリッサンドのように手首は柔らかく、ただし指先の意識は抜けないように注意しましょう。音階をレガートで弾く練習にもなります。

右へ、左へ

音がならないくらいのソフトタッチで。

① 手のひらを上に向けて、鍵盤の上に置きます。

② 右に向かって勢いよく、筆をはらうように動かします。

左へサッ

左に向かって、同じようにはらいましょう

手前へ

① 鍵盤の奥に手を置きます。

② 手前へスッとはらいます。

右や左、ななめなど、いろいろな方向にはらってみよう。

動画も check!

小鳥がついばむように
指先でシュッ！

指先に意識を集中します。まずはティッシュペーパーをつまんで「シュッ」と箱から取り出す動作で手首のやわらかい動きを確かめましょう。スタッカートを弾く時の手の動かし方につながります。手の内側も意識してみてください。

ティッシュで
まずティッシュペーパーを使って指先の感覚を確かめましょう。

❶ ティッシュの先を、1と2の指先で軽くつまみます。

❷ 手首をやわらかくしてシュッと上へ引き上げます。

1と他の指でもやってみましょう。

❶〜❷をリズミカルに繰り返しましょう

鍵盤で
ティッシュでの動作に慣れたら、鍵盤上でやってみましょう。

❶ 1と3（または2）の指で、黒鍵を1つ軽くつまみます。

❷ 上へシュッと引き上げます。指先が中央に集まり、軽く閉じる形になります。

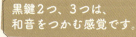
黒鍵2つ、3つは、和音をつかむ感覚です。

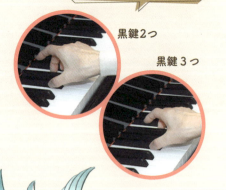

ティッシュは再利用してね。

動画も check!

手首をやわらかく

たまごがゴロゴロ転がるように、グーにした手を鍵盤の上で転がします。手首の力を抜いて楽に、スウィングするようにリズミカルに転がしましょう。アルベルティ・バスの予備練習にもなります。

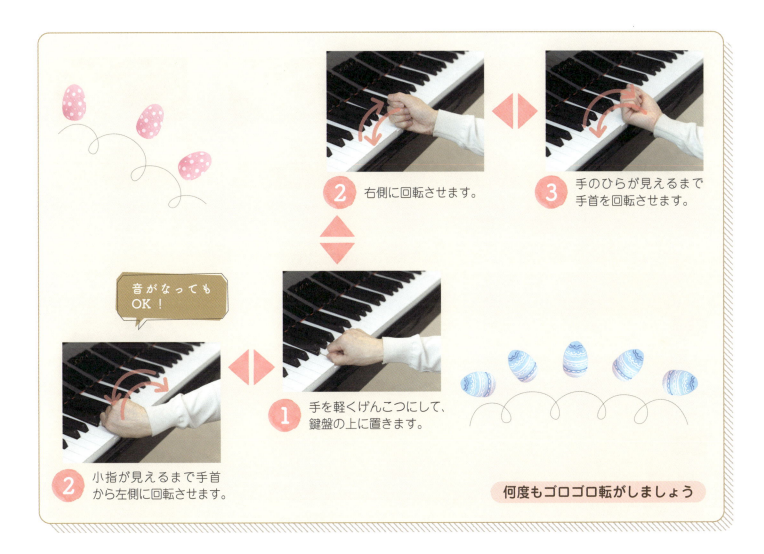

 チョキチョキ カニの横歩き

指の平行移動

重心を平行に移す練習です。指に腕全体の重さをかけて打鍵し、完全に脱力したことを確かめてから、かかっている重さをそのまま次の指に移し替えます。実際の演奏では、この重心移動をなめらかに行うことでレガートになります。

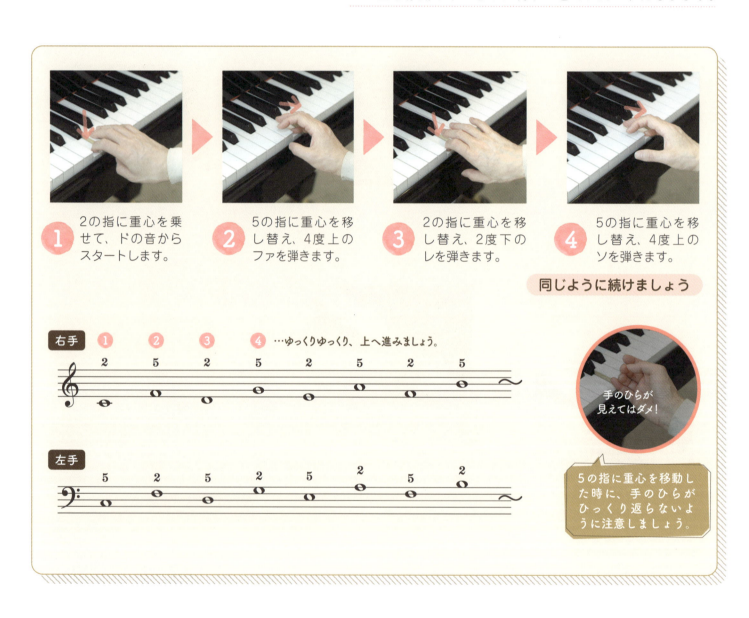

ぎったんばっこん シーソー遊び

重心の移動

ゆるめるためには「支え」が必要です。手の中心の3の指を支えにしますが、3を意識すると手首に力が入りやすいので、手首を抜くことも忘れずに。指が反ってしまう場合は、第一関節をもう片方の手ではさんでサポートしてください。

① 3の指でミを弾き、そのまま支えを作ります。

② 3の指はそのままに、左側に重さを移動して1の指でドを弾きます。

③ 3の指はそのままに、今度は右側に重さを移動して5の指でソを弾きます。

腕や手首に余計な力が入っていないか確認してから、次へ進みます。

②〜③を繰り返しましょう

① ② ③ …ゆったり、何度も繰り返しましょう。

ミの音はおさえたままに

慣れてきたら他の音でもやってみましょう。

動画も check!

カンガルーがジャンプ！

倍音の中で 大きく跳躍

2人で行いましょう。1人が無音で低音域の鍵盤をおさえ、その倍音の中で、もう1人はカンガルーのように跳ねて、鍵盤から鍵盤へ移っていきます。倍音や響きを感じ、静かに聴く練習です。

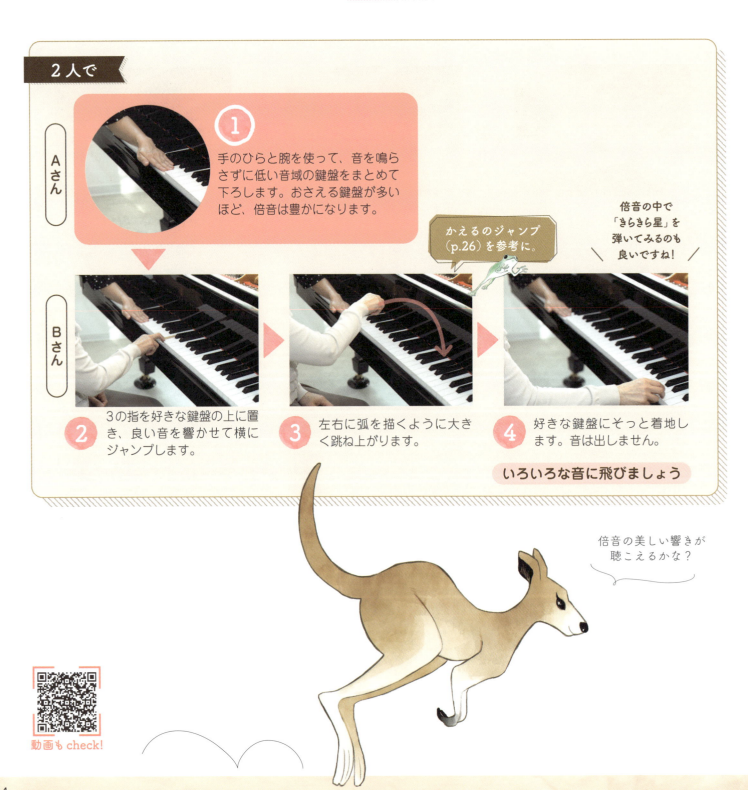

2人で

Aさん
① 手のひらと腕を使って、音を鳴らさずに低い音域の鍵盤をまとめて下ろします。おさえる鍵盤が多いほど、倍音は豊かになります。

かえるのジャンプ（p.26）を参考に。

倍音の中で「きらきら星」を弾いてみるのも良いですね！

Bさん
② 3の指を好きな鍵盤の上に置き、良い音を響かせて横にジャンプします。
③ 左右に弧を描くように大きく跳ね上がります。
④ 好きな鍵盤にそっと着地します。音は出しません。

いろいろな音に飛びましょう

倍音の美しい響きが聴こえるかな？

動画も check!

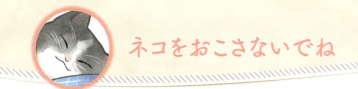 ネコをおこさないでね

慎重に準備

音を鳴らさずにゆっくり打鍵することで、タッチの基本を学びます。手のひらの筋肉をじゅうぶんに意識し、指の根本の関節から動かします。まずは3の指、慣れてきたら他の指も使い、いろいろな位置の鍵盤で行いましょう。

 ① 好きな鍵盤の上に3の指を置き、ゆっくり打鍵します。

 ② 鍵盤の半分で一度止まります。手の形を崩さずに底まで下ろします。

 ③ 鍵盤の底を感じたら、ゆっくりと指先ゆるめて元の位置に戻します。

> 音をならさないように。

動画も check!

 くるくる糸巻き

脱力ゲーム

2人でゲーム感覚で行いましょう！手首・肘・腕、すべてが脱力できていないと、うまく巻けません。どちらが速く、上手に巻けるでしょうか？ すばやくていねいに、くるくる巻いてみましょう。

太いバーで　自転車のハンドルのように握ります。

① 2人で向かい合い、両手でバーの端と端を握ります。肘は直角です。

② スタートの合図で、両手でバーを回し、中央の鈴に向かって巻き進めます。

③ 先に鈴に到着したほうが勝ちです。

細いバーで　両手の指先でつまみます。

指の俊敏性がアップ！

① 2人で向かい合い、両手の指先でバーを持ちます。

② スタートの合図で、指先でバーを回し、中央の鈴に向かって巻き進めます。

③ 先に鈴に到着したほうが勝ちです。

アルベルティ・バスの練習にもなるよ。

動画もcheck!

用意するもの

太いバーは麺棒、細いバーは鉛筆などが良いでしょう。2本の間に毛糸を張り、真ん中に鈴をつければ出来上がり。

毛糸　鈴　麺棒×2

小瓶のふたを持って

良い手のかたち

瓶や缶を片手で持って、もう片方の手をふたに添えると、無意識に「良い手のかたち」ができているものです。ふたを回す時の手首の回転が、レガート奏法につながります。

① 左手で瓶の底を支え、「良いかたち」で右手でふたを持ちます。

② 「良いかたち」のまま瓶のふたを回します。

③ 反対にも回します。

「良いかたち」は、よけいな力が入っていません。

ジャムの瓶やキャンディの缶、紅茶の缶など、身近にあるいろいろな大きさや形の容器で試してみましょう。自分の手に合うのは、どんな形かな？

おしゃれな瓶、缶もたくさんあるね。

動画も check!

※掲載している瓶・缶は、著者の私物です。

おはじきをはじいて

指先の意識アップ

指先の感覚が敏感になり、鍵盤から指を離す時の意識につながります。特に、軽いパッセージを弾く時に即効性があります。2、3、4、5それぞれの指で行いましょう。

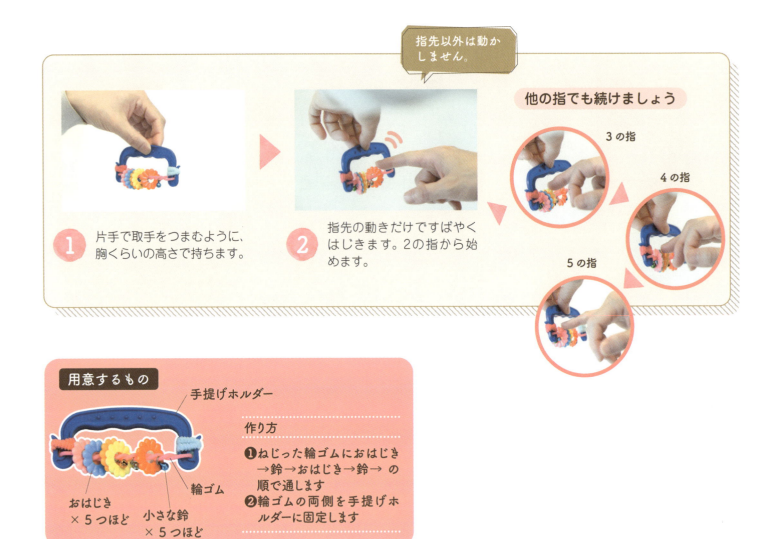

指先以外は動かしません。

1 片手で取手をつまむように、胸くらいの高さで持ちます。

2 指先の動きだけですばやくはじきます。2の指から始めます。

他の指でも続けましょう
3の指 4の指 5の指

用意するもの
- 手提げホルダー
- 輪ゴム
- おはじき×5つほど
- 小さな鈴×5つほど

作り方
❶ねじった輪ゴムにおはじき→鈴→おはじき→鈴→の順で通します
❷輪ゴムの両側を手提げホルダーに固定します

動画も check!

きらきら星

★★★ 演奏会バージョン ★★★

編曲：角野美智子

角野美智子

Michiko Sumino

桐朋学園大学ピアノ科卒業後、米国ニューイングランド音楽大学大学院に留学。主宰のSumino Piano Academyより、各種コンクールで延べ100名以上の受賞者を輩出。また、東京藝大、藝高をはじめ、音大・音高受験実績でも高い実績を上げる。ピティナ指導者賞連続25回、特別指導者賞14回受賞。導入期から上級までバランス良く育て上げる指導法で高い評価を受ける。指導法や子育てに関する講演「感性を磨く真に音楽好きな生徒を育てるには」「原石を磨く指導法」「ワンランク上の指導法クリニック」を全国各地で開催。一般社団法人全日本ピアノ指導者協会（ピティナ）正会員および全国大会審査員、ショパン国際ピアノコンクールin Asia組織委員および全国大会・アジア大会審査員、日本バッハコンクール千葉実行委員長および全国大会審査員をはじめ、多数のコンクール審査員を務める。著書に『「好き」が「才能」を飛躍させる子どもの伸ばし方』（ヤマハミュージックエンタテイメントホールディングス）。

NS78

TWINKLE ～耳を澄ます　身体をゆるめる～

発行日：2025年3月12日　初版発行

著　者：角野美智子
編集・デザイン：福田美代子
表紙・本文イラスト：安倍万里子
撮影：かくたみほ
協力：原千晶
Special Thanks：角野隼斗
発行者：福田成康
発行所：株式会社 東音企画
　　　　〒170-0002　東京都豊島区巣鴨1-15-1 5F
　　　　ホームページ　https://www.to-on.com/　問い合わせ先　bastien@to-on.com
印刷所：中央精版印刷株式会社

©2025 TO-ON Kikaku Co. Ltd.

ISBN：978-4-910757-94-0

乱丁本・落丁本はお取替えいたします。
本書の一部あるいは全部について、発行者から文書による承諾を得ずにいかなる方法においても無断で転載・複写・複製することは固く禁じられています。